AF263197

NAPOLÉON III

A

BAŸBEL

LE 30 AOUT 1870

PAR

XAVIER RASPAIL

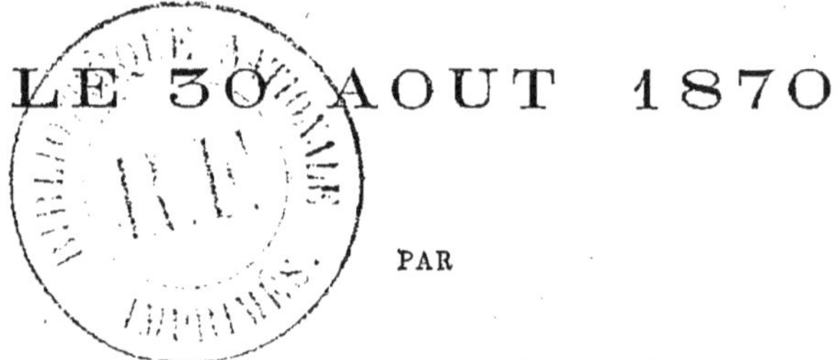

PARIS

CHEZ L'ÉDITEUR DES OUVRAGES

DE M. RASPAIL

14, RUE DU TEMPLE, 14

—

1875

PARIS. — TYPOGRAPHIE DE ROUGE, DUNON ET FRESNÉ,
rue du Four-Saint-Germain, 43.

SEDAN

Nous achevions notre dernière étape (1); partis de Tannay à cinq heures du matin, nous comptions atteindre Sedan dans l'après-midi.

A Chémery, où nous fîmes une halte, un habitant que nous questionnions sur les mouvements de notre armée à la veille de la bataille nous montra un journal de Paris qui contenait cette nouvelle :

La jonction de Mac-Mahon et de Bazaine est un fait accompli.

— Eh bien! nous dit-il, en même temps que je lisais la nouvelle de la jonction de nos deux armées, des uhlans passaient là devant ma porte et je savais depuis une heure que les têtes de colonne de l'armée française étaient arrivées le matin au Chesne-Populeux, que vous avez traversé hier.

Comme on nous avait trompés à plaisir! Les ministres eux-mêmes rivalisaient en fait de mensonges et d'inepties avec leurs complices, les dignes journalistes de la presse officieuse. Pendant que ceux-ci racontaient, à grands renforts d'éloges à l'adresse du souverain, les exploits des mitrailleuses dont un seul coup, disaient-ils, couchait à terre

---

(1) La 9ᵉ ambulance de la Société de secours aux blessés sortit de Paris le 30 août pour rejoindre l'armée de Châlons. L'encombrement des chemins de fer et les événements ne lui permirent d'atteindre Sedan que dans les premiers jours de septembre.

tout un régiment prussien comme la faux couche les épis de blé, le ministre de la guerre montait à la tribune, et, devant les représentants de la nation, venait produire, aux applaudissements d'une majorité servile, son histoire fantastique de l'anéantissement de tout un corps d'armée ennemi dans les carrières de Jaumont.

Il me revint en mémoire cette réponse que fit le général de Palikao à une interpellation inquiète du député Estancelin, qui ne demandait qu'à être renseigné *sur la position du prince royal* marchant sur Paris :

— Si un officier français me faisait une semblable question sur les mouvements de l'armée, je le ferais fusiller. Croyez un homme de cœur qui vient vous dire : *tout va bien.*

Tout va bien! et ces sycophantes politiques conduisaient la France à la ruine et au démembrement.

Après Chémery, nous traversâmes Chéhéry, le dernier village que nous devions rencontrer sur notre route.

Arrivés au sommet d'une forte côte et au débouché d'un bouquet de bois, nous aperçûmes, tout à coup, dans un bas-fond et entourée de hauteurs, la ville de Sedan. Plusieurs arbres en cet endroit étaient brisés ou lacérés par les obus; partout où la vue pouvait atteindre, on ne voyait que des plaines affreusement ravagées par suite des campements et de la bataille; des débris de toutes natures jonchaient la terre battue et piétinée; des centaines de cadavres de chevaux s'échelonnaient encore de distance en distance. Çà et là des chevaux errants cherchaient au milieu de cette immense dévastation quelques brins d'une herbe non souillée.

Bien triste et bien désespérant spectacle que celui qui nous était offert !

Le docteur Moreau me proposa, malgré notre extrême fatigue, de parcourir, pour descendre vers Sedan, cette partie du champ de bataille; nous gagnâmes une hauteur sur la droite de la route du Chesne-Populeux à Sedan. De là le panorama du champ de bataille se découvrait dans son ensemble. Nous nous trouvions sur les hauteurs de Fresnois, distantes de la ville de douze cents mètres à peine. Les Prussiens, dès le 31 août au soir, y avaient disposé de formidables batteries qui leur permirent le lendemain matin de couvrir d'obus, à une distance en moyenne de deux mille cinq cents mètres, nos corps d'armée entassés les uns sur les autres de Balan à Givonne. Maîtres sans coup férir de cette position capitale et des hauteurs de Wadelincourt, ils tenaient en quelque sorte à leur merci, sous le feu plongeant des fortes pièces qu'ils s'étaient hâtés d'y établir, la ville entière et presque toute l'armée française; puis, quand le 11e corps prussien qui, dans la nuit du 31 août au 1er septembre, avait effrontément passé la Meuse, en quelque sorte à portée du canon de la place, au pont de Donchery qu'on n'avait pas songé à faire sauter et encore moins à défendre, quand ce corps, dis-je, fut parvenu, à marche forcée et sans qu'on lui eût opposé le moindre obstacle, à contourner la presqu'île d'Iges et à gravir les hauteurs d'Illy situées de l'autre côté de la ville, juste en face celles de Fresnois et de Wadelincourt; quand le corps de la garde, qui avait passé la Meuse la veille au matin à Mouzon, fut parvenu à couronner les hauteurs de Givonne inoccupées, alors toute l'armée française, qu'on n'avait su ni faire manœuvrer ni disposer pour une bataille de cette importance, fut cerclée d'une formidable artillerie qui se mit à vomir sur elle une pluie d'obus et de mitraille. Elle tint bon, cette malheureuse armée digne d'un plus heureux sort, et répondit coup pour coup; mais elle combattait sans aucune direction, livrée pour ainsi dire à elle-même et privée du soutien moral que donnent au soldat l'énergie et l'entrain des chefs; dans de telles conditions le découragement vient vite et la déroute n'est pas loin. Affolée et tourbillonnant dans le plus affreux désordre, elle finit par se ruer dans cette espèce de nid à obus de Sedan, espérant trouver un abri protecteur derrière ses murs.

Le coup de rabat était fait.

Il ne resta plus à l'ennemi qu'à écraser jusqu'au dernier les quelques milliers de héros qui, sur tous les points, continuaient la lutte avec le désespoir de soldats préférant répandre leur sang plutôt que de verser des larmes de honte.

Oui, sur plusieurs points les Prussiens, qui resserraient de plus en plus leur cercle d'investissement, reculèrent plus d'une fois et lâchèrent pied devant les charges à la baïonnette exécutées par quelques poignées de nos braves soldats.

Les habitants de Fond-de-Givonne nous racontèrent que, vers trois heures, au moment où, du côté de Balan, le général de Wimpffen entraînait à sa suite quelques milliers d'hommes, ils crurent à un retour favorable pour nos armes, en voyant les Français monter au pas de charge la route de Fond-de-Givonne et refouler les Prussiens ; une trentaine de blessés, soldats et officiers, réfugiés derrière l'église et occupés à panser leurs blessures, saisissent à cette vue les armes qui se trouvent à leur portée, ils abordent l'ennemi et se font héroïquement achever.

Une armée renfermant de tels éléments de courage devait-elle être vaincue par des Prussiens que les officiers ne mènent au feu qu'à coups de plat de sabre et avec la menace d'une balle de revolver dans la tête ?

Nous venions d'atteindre un rideau de taillis s'étendant sur le versant faisant face à Sedan et très-rapide en cet endroit ; c'était là que les Prussiens avaient établi leurs batteries dont les traces des roues nous indiquaient le nombre des pièces et la position occupée par chacune d'elles. Les branchages qui en eussent gêné le tir avaient été coupés à la hache ; à une certaine distance, le feuillage était jauni et recroquevillé par la flamme ardente vomie par toutes ces bouches de canon ; les cimes des arbustes, penchées et flétries, témoignaient de l'ouragan qui les avaient tenues courbées pendant de longues heures.

De cet endroit nous pûmes envisager Sedan dans toute sa configuration et juger, du premier coup d'œil, de la nullité de cette place de guerre avec les canons actuels à longue-portée. Et cependant, avec l'importance de l'armée qui se trouvait réunie sous ses murs le 31 août, cette place pouvait servir d'un centre formidable d'opérations; il suffisait de s'établir sur les hauteurs de Fresnois, de Wadelincourt, d'Illy, de Givonne, etc., et de faire face à l'ennemi sur ces positions dominantes, sans craindre de les voir tourner, protégées qu'elles devaient être par les remparts et la citadelle suffisamment en état de balayer l'étroite vallée de la Meuse.

Pour l'époque où l'on ne pouvait prévoir la transformation que subirait l'artillerie, cette ville avait été pourvue d'une défense vraiment formidable et qui aurait nécessité à une armée un siége long et laborieux pour s'en emparer, à moins que la famine ne vînt y jouer un rôle rapide. Deux enceintes de fortifications à la Vauban, solidement construites, étaient protégées contre un assaut par leurs fossés larges et profonds remplis par les eaux de la Meuse, comme ils l'étaient en ce moment.

Nous rejoignîmes, en redescendant des hauteurs de Fresnois, notre ambulance arrêtée à un kilomètre de Sedan, pendant que les comptables étaient allés à l'intendance française à l'effet d'y recevoir des ordres. Ils revinrent nous annoncer que nous aurions à nous rendre le lendemain matin au village de Glaire avec la mission de recueillir les malades abandonnés après l'évacuation du *camp français*. Les Prussiens appelaient ainsi, par une amère dérision, la partie de la presqu'île d'Iges où ils avaient parqué les 80,000 prisonniers; ceux-ci lui donnaient son véritable nom : *le camp de la misère.*

Glaire se trouvant à peu de distance de la route où nous étions arrêtés, on décida de ne pas faire entrer nos fourgons dans la ville, encore encombrée de Prussiens, et d'établir quelques tentes dans un terrain voisin pour les infirmiers et les médecins à qui revenait le tour de garde. Le reste du corps médical était libre de gagner Sedan et d'y chercher un meilleur gîte.

LE COURONNEMENT DE L'ÉDIFICE IMPÉRIAL

—

En nous dirigeant vers la ville, plusieurs d'entre nous firent un détour pour aller visiter, près du pont de Donchery, une maison de pauvre apparence; c'était là que Napoléon III était venu se constituer prisonnier le 2 septembre au matin. On nous fit entrer dans une chambre meublée simplement d'une table et de deux chaises : « le couronnement de l'édifice impérial » s'était effectué dans cette petite pièce.

La veille, Napoléon répondant à l'appel héroïque du général de Wimpffen en faisant dresser avec persistance sur les remparts le drapeau de la capitulation, que chaque fois nos braves artilleurs renversaient avec indignation, et pendant que tout ce qu'il y avait d'hommes de cœur dans l'armée luttaient encore à Balan, à Fond-de-Givonne et autour du bois de la Garenne, Napoléon III, entouré de ses généraux, ne songeait qu'à faire cesser au plus vite le fracas des obus s'abattant sans cesse dans l'intérieur de la ville. Il envoya au roi de Prusse le général Reille porteur du billet suivant :

« Monsieur mon frère,

« N'ayant pu mourir au milieu de mes troupes, il ne me « reste plus qu'à remettre mon épée entre les mains de Votre « Majesté.

« Je suis de Votre Majesté

« Le bon frère,

« NAPOLÉON. »

L'homme qui écrivait effrontément ces lignes n'était-il pas toujours le pitre de Boulogne, celui que les habitants de cette ville, lors de son fameux débarquement, avaient pris pour un écuyer de ces cirques qui courent les foires? Ah! il lui eût été difficile de mourir à la tête de l'armée, par la raison fort simple que s'il s'y est trouvé quelquefois à la queue durant cette déplorable campagne, c'était parce que ne pouvant rentrer à Paris — qu'il ne fallait pas désillusionner complétement sur la valeur du personnage — ni se réfugier dans une contrée éloignée du théâtre de la guerre, il se vit constamment ballotté d'un point à un autre par les mouvements des armées ennemies. Finalement, englobé par le mouvement de retraite de l'armée du maréchal de Mac-Mahon, force lui fut de la devancer à Sedan. Tel est le motif de sa présence dans cette ville, présence bien involontaire de sa part et inconnue de l'armée.

Le roi Guillaume, enivré d'un triomphe remporté si facilement et sans exemple dans l'histoire, renvoya le général Reille avec cette réponse : « *L'empereur, ne commandant pas en chef, n'avait pas d'épée à rendre; il devait se borner à se constituer purement et simplement prisonnier.* » Il n'était dévolu qu'aux généraux de Wimpffen et de Moltke de discuter les bases de la capitulation.

Le lendemain matin, vers sept heures, Napoléon III sortit de l'hôtel de la sous-préfecture (1) la physionomie encore plus éteinte qu'à l'ordinaire; il monta dans sa calèche aidé de ses domestiques, et, accompagné des généraux Reille, Castelnau, de la Moskowa, il alla humblement se constituer prisonnier. C'est par le comte de Bismarck qu'il fut reçu dans cette petite chambre que nous venions visiter.

Pris de fatigue en sortant de cette maison, Napoléon fit apporter deux chaises près de la porte et invita le comte de

(1) Parmi les personnages de l'entourage de Napoléon qui se tinrent réfugiés à la sous-préfecture pendant la bataille, on nous a cité le zouave Paul de Cassagnac.

Bismarck à s'asseoir à côté de lui. Il dit alors au ministre prussien qu'il avait déploré cette guerre ; que lui personnellement ne l'avait pas voulue, et qu'il avait été poussé à la faire par l'opinion publique en France.

Ainsi voilà l'homme dans les mains duquel le peuple français avait remis aveuglément une puissance sans bornes !

Oui, voilà l'élu de 10 millions de citoyens français, reconfirmé en 1870 par près de 8 millions de suffrages !

Il pleurnichait maintenant sur sa chaise auprès du rusé prussien : Ce n'est pas moi, c'est la France !

Dans un pareil moment cet homme trouvait encore le moyen de commettre une infamie.

Lorsque la capitulation fut signée, le roi de Prusse consentit seulement à recevoir Napoléon ; l'entrevue eut lieu dans le château de Bellevue, près de Fresnois.

« La grande préoccupation de Napoléon III, étant de n'être pas exhibé aux yeux des soldats français, » le roi Guillaume donna l'ordre aux ulhans commis à sa garde de gagner Bouillon en évitant Sedan ; mais il ne put lui éviter les huées de l'armée prussienne, ni le faire échapper aux malédictions des blessés qui se trouvèrent sur son passage.

La responsabilité de cette désastreuse journée lui incombe tout entière, et son nom restera dans l'histoire rivé à cette défaite ; en faisant flotter sur la citadelle le drapeau de la capitulation, c'est lui qui paralysa l'élan des soldats qui continuaient la lutte avec acharnement ; c'est lui qui détourna la plupart des généraux des résolutions énergiques qu'ils auraient certainement puisées dans leur patriotisme ; c'est lui qui rendit impossible l'effort suprême que tentait un brave général pour l'honneur de l'armée.

Une pareille action n'était certes pas inspirée par les sentiments d'honneur et de patriotisme.

Napoléon III se trouvait, il est vrai, dans une situation de santé peu favorable à l'héroïsme. Il était parti de Paris atteint, comme on sait, d'une maladie grave des voies urinaires, et cette maladie ne pouvait que s'aggraver par le voyage qu'on lui faisait entreprendre pour des raisons politiques. Des chirurgiens d'ambulance qui se trouvèrent à Reims lors de son passage dans cette ville, au début de la campagne, furent étonnés du changement opéré en lui depuis quelques mois; il était plus voûté et sa marche lourde et pénible lui faisait avoir recours constamment au bras d'un aide de camp ou d'un serviteur; il ne circulait pas autrement qu'étendu dans une calèche; et ce personnage à la figure morne, aux paupières retombant sur des yeux hébétés, produisait une pénible impression dans l'esprit des populations qui le voyaient passer et qui s'étaient fait une tout autre idée d'un empereur chargé de diriger les destinées d'un grand peuple. Un silence glacial l'accueillait partout sur son passage.

Dans cet état, l'affection intestinale qui le prit à la fin d'août ne fut pas propice à le fortifier au moral et au physique.

Et à ce sujet, il n'est pas sans intérêt de recueillir la petite anecdote suivante et qui fait le titre de cette brochure. Elle pourra toujours tenir sa place dans l'histoire des pérégrinations impériales de cette époque.

NAPOLÉON A LA FERME DE BAYBEL

Vers la fin de septembre j'accompagnais M. Lauro de Franco à Mouzon, dans le but de visiter l'ambulance occupée par nos camarades. Ces messieurs nous firent le récit du séjour de Napoléon, le 30 août, dans une ferme des environs — la ferme de Baybel. — Les détails étaient piquants, et comme nous paraissions disposés à ne les accepter que sous bénéfice d'inventaire, nos camarades nous offrirent de nous conduire à Baybel et de nous faire répéter l'anecdote par le fermier lui-même. La proposition était engageante, le temps superbe, nous acceptâmes avec empressement.

Nous nous mîmes donc de suite en route, MM. de Franco, Debière, Lehéridel et moi, et nous quittions Mouzon, petite ville située à cheval sur la Meuse dans une étroite vallée, pour nous engager sur la route de Carignan que bordent des coteaux couverts de vignes produisant, paraît-il, un excellent vin blanc très-estimé dans le pays. Pour abréger, mais surtout dans l'intention d'examiner plus facilement les plaines où s'était livré le combat de Mouzon, nous gravîmes à travers vignes. En plusieurs endroits, à mi-côte, des batteries de mitrailleuses avaient été établies par les Français; sur le plateau, les champs portaient encore les traces de nombreux campements.

En descendant le versant opposé à celui par lequel nous étions montés à ce plateau, nous arrivâmes, au détour d'un petit bois de sapin, à l'entrée d'une grande et belle ferme. Nous étions au but de notre excursion.

Le fermier vint à notre rencontre, et dès qu'il connut le motif de notre visite, il se mit de suite à notre disposition pour satisfaire notre curiosité et nous donner de nombreux détails sur le séjour de Napoléon dans sa ferme.

Le 30 août, vers les 10 heures du matin, l'empereur, venant du côté de Raucourt, à la suite de l'armée française, arriva à Baybel, accompagné d'une nombreuse et brillante suite. La ferme fut encombrée de fourgons, de voitures, de chevaux et de domestiques. Une escorte de cavalerie et un bataillon de grenadiers de la garde accompagnaient cette promenade impériale; ces troupes campèrent autour des bâtiments. Les réquisitions reçues par le fermier indiquaient de la part de nos voyageurs l'intention de séjourner au moins jusqu'au lendemain à Baybel et d'y attendre les événements qui allaient se produire, par suite de la marche de l'armée sur Montmédy et Thionville.

Maintenant n'était-ce pas le hasard seul qui avait amené là Napoléon, dont les déplacements se faisaient naturellement sans aucun but déterminé? Et d'autre part, s'était-il bien rendu compte de l'endroit qu'il venait occuper? Voici un fait qui autorise à en douter: Un de ses aides de camp, qui regardait par une fenêtre la campagne environnante, demanda quelle était la ville qu'on apercevait dans la plaine au nord-ouest. — C'est Carignan, répondit le fermier. — Carignan! reprit cet officier tout étonné, mais alors la Belgique n'est qu'à deux pas ; puis, se tournant vers l'empereur comme un homme qui a quelque chose de surprenant à annoncer: Sire, s'écria-t-il, nous sommes tout près de la frontière belge!

Ce brave fermier nous avoua qu'il avait été un *oui* convaincu du plébiscite ; il croyait alors, comme tant d'autres le croyaient et malheureusement le croient encore dans les campagnes arriérées, qu'un empereur était un être d'une essence supérieure à ses sujets ; et à ce point de vue, il le considérait comme l'arbitre suprême de la prospérité et de la grandeur de la France! Aussi son émotion avait-elle été forte lorsqu'il apprit l'arrivée du souverain sous son toit. Mais bien grande fut sa déception lorsqu'il vit de près celui que son imagination entourait de tant de prestige; on sentait encore chez lui l'amertume profonde qu'il avait ressentie en s'apercevant que cet empereur se réduisait à ce personnage cassé, voûté, au regard éteint et vague, qu'on aidait à descendre de calèche.

La figure pâle, les traits tirés indiquaient en outre chez Napoléon III un certain état de malaise: il souffrait d'une diarrhée assez intense, et c'était sans doute là le motif qui le faisait s'arrêter dans cette ferme isolée, plutôt que de continuer vers une ville voisine. Dans tous les cas, il paraissait éprouver un grand besoin de s'arrêter, et à l'appui de cette remarque, notre hôte obligeant alla ouvrir une porte au fond d'un salon dans lequel nous venions d'entrer, et nous montra une petite pièce que des domestiques avaient pourvue à la hâte d'un de ces vases discrets et obligatoires dans tout ménage.

Certes, tout homme malade est à plaindre, et je suis de ceux qui ne rient jamais des malades; mon but, en relatant cet épisode, n'est donc pas de soulever un ridicule; je prends note simplement de l'état pathognomonique de Napoléon III à la veille de la désastreuse journée de Sedan dont il a assumé sur sa tête l'écrasante responsabilité.

L'empereur avait avec lui ses aides de camp Castelnau, Pajol, Reille, de la Moskowa et son médecin Conneau. Le rôle de ces généraux, dans cette guerre, n'était pas bien brillant, comme on voit, et les périls pas bien grands pour eux; mais après tout, chacun accepte les missions qui conviennent le mieux à son tempérament et à ses facultés.

Au déjeuner l'empereur ne mangea pas, malgré l'insistance des convives qui l'engageaient à prendre une tranche d'un plantureux jambon. — « Sire, mangez-en donc, ce jambon est très-bon, » s'écria dans un élan d'enthousiasme gastronomique un général qui possédait, paraît-il, un coup de fourchette des plus accentués; mais l'offre resta vaine, l'empereur n'ayant d'autre souci que de se rendre à tout instant dans le cabinet improvisé. Alors notre général, qui en tenait toujours pour le jambon, conseilla d'en réserver quelques tranches pour le cas où un peu d'appétit reviendrait à Sa Majesté.

Le repas touchait à sa fin, lorsque tout à coup, vers midi, les grondements du canon et les roulements interminables de la fusillade se firent entendre dans la direction du sud, vers le point que devait occuper l'aile droite de l'armée française. Leur intensité indiquait qu'une bataille sérieuse était engagée de ce côté. Puis il y eut une accalmie; seuls des coups de feu peu nourris étaient encore perceptibles. Mais bientôt le canon se fit entendre de nouveau, et cette fois à une distance sensiblement rapprochée; la fusillade devint de plus en plus distincte et semblait avancer rapidement sur le nord: On ne pouvait s'y tromper, il se faisait là une

retraite précipitée sur Mouzon; les Français étaient poursui-
vis et serrés de près par l'ennemi.

Le général de Failly, en négligeant les règles élémentaires
qu'un général est tenu d'observer en campagne pour pré-
munir ses troupes contre une surprise, venait de faire écraser le 5ᵉ corps dans les plaines de Beaumont.

L'inquiétude s'empara des hôtes de la ferme de Baybel; à
tout moment des officiers d'état-major étaient expédiés aux
environs; ils revenaient bientôt annoncer que de grands
mouvements de troupes s'effectuaient à l'ouest, sur les bords
de la Meuse, et que déjà en vue de Mouzon apparaissait de
nombreux fuyards venant du sud; beaucoup même de ceux-ci
avaient déjà traversé la Meuse et se dirigeaient au hasard
vers Carignan.

Tout fut disposé en conséquence pour un prompt départ,
et vers 5 heures l'empereur quitta Baybel. Mais à deux
cents mètres, la calèche s'arrêta à l'abri d'une colline dont
on fit couronner la crête par les grenadiers rangés en bataille, comme si, ne la jugeant pas suffisante, on eût
voulu donner encore plus de hauteur à cette colline par cette
muraille humaine, contre un danger qui n'était pourtant
pas à craindre en ce moment; il est vrai que des coups de
canon se faisaient entendre à une distance très-rapprochée,
mais ils provenaient des Français qui, arrivés dès le matin
sur les coteaux de la rive droite de la Meuse, envoyaient au
loin, sur l'autre rive, des obus à des coureurs ennemis.

Au bout d'une demi-heure tout le cortége s'ébranla et
partit au galop vers Carignan.

Il est présumable qu'on avait attendu là des renseigne-
ments sur la direction qu'en ces circonstances il était prudent
de faire prendre au souverain et à ses précieux fourgons.

Un petit détail: Dans la précipitation du départ, on oublia
de payer au fermier les fournitures qu'il avait faites; elles
s'élevaient à plus de 500 francs, et dans cette somme n'était
pas comprise la perte de la basse-cour dépeuplée pour sus-

tenter cette foule de domestiques qui faisait trouver, par les Anglais, la suite impériale extravagante. L'empereur pouvait voyager longtemps de cette façon avec grande économie pour sa cassette.

Napoléon III, après son séjour à Baybel et sa fuite sur Carignan, au bruit du canon de Beaumont, adressait, le soir même, la dépêche suivante à l'impératrice :

« *Carignan, 30 août, soir.*
« Il y a encore eu *un petit* engagement aujourd'hui *sans* « *grande importance*, et je suis resté à cheval assez long- « temps.

« Napoléon. »

C'est ainsi que notre César traduisit son épopée impériale de la ferme de Baybel.

FIN

Paris. — Typ. de Rouge et Cie, rue du Four, 43.